LUCHA LILA

Illustrated by Anne Zimanski

by
Faith Laux

Edited by
Carol Gaab

Copyright © 2021 Fluency Matters
All rights reserved.

ISBN: 978-1-64498-252-5

Fluency Matters, P.O. Box 11624, Chandler, AZ 85248
info@FluencyMatters.com • FluencyMatters.com

A Note to the Reader

This Comprehension-based™ reader is written strategically and comprehensibly to help learners easily pick up Spanish while enjoying an engaging read. The story is written with numerous high-frequency words, familiar cognates and useful grammatical structures that are masterfully woven together to tell a compelling story.

All words and phrases that are used to tell the story are listed in a comprehensive glossary found at the back of the book. In addition, more advanced and complex structures are footnoted at the bottom of the page where each occurs. We suggest you peruse the glossary to identify words you already know and also to familiarize yourself with other words and phrases that may be new or that are used in new ways.

We hope you enjoy the story and enjoy reading your way to FLUENCY in the process.

About the author

Faith Laux has been enthusiastically teaching Spanish since 2005. She holds a bachelor's degree in Spanish and a master's degree in Curriculum and Instruction from the University of Florida. She supports teachers in the areas of classroom management, emotional intelligence and fostering well-being at various conferences throughout the country.

Originally from Florida, she now resides in the midwest as she relishes the brief, balmy winters. An avid reader of fiction, Faith loves harnessing her creativity to contribute to the resources available to teachers and language learners.

Acknowledgments

The idea for this book came to me as I was washing my hands in the movie theater bathroom before my movie started. It entered my mind with intention and force, like a good wrestling move. I felt excited and immediately inspired by Lila's journey out of the shadows of her own shyness and into her power. I hope her story inspires you.

I want to thank all of the people who help me out of my own shell of living small and invisible in the world. I am grateful to Paloma Starr for teaching me about the world of lucha libre from a female perspective and for helping me appreciate the beauty and freedom of being a ruda. To my husband who burns with me and always has my back. To my mother who is a fighter and shows up no matter what.

I am grateful to everyone who dares to let their light shine brightly, allowing me to see what is possible and let my own inner radiance burn.

Índice

Prólogo 1

Capítulo 1: Invisible 2

Capítulo 2: Curiosa 7

Capítulo 3: Frustrada 11

Capítulo 4: Lista 14

Capítulo 5: Expresiva 22

Capítulo 6: Diferente 28

Capítulo 7: Voladora. 34

Capítulo 8: Brillante 40

Capítulo 9: Transformada 47

Capítulo 10: Luchadora 53

Capítulo 11: Femenina 68

Capítulo 12: Enmascarada 73

Glosario 76

Prólogo

En todas las escuelas existen los invisibles. Los invisibles no hablan en clase. Los invisibles son ignorados por los maestros. Es la gente que, simplemente, prefiere vivir al margen. Gente que prefiere no causar ni participar en dramas. Gente que prefiere la invisibilidad porque es más fácil. Hay personas que prefieren ser invisibles porque la invisibilidad les da protección.

Esta es la historia de una invisible que descubre que su protección en realidad no es la invisibilidad. Su protección es su vulnerabilidad.

Capítulo 1
Invisible

**Benito Juárez High School,
Pilsen neighborhood, Chicago**

Nadie miraba a Lila. Ella estaba en la clase de Inglés, dibujando como siempre. Su dibujo era la figura de Wonder Woman. Su maestra, la señora Martínez, estaba hablando sobre un proyecto especial.

– El proyecto de este semestre va a ser un debate.

Inmediatamente, los estudiantes exclamaron:

– ¡Nooo!

– ¿¡Un debate!? No queremos tener un debate.

– ¡No, maestra, por favor! –dijo Camilo, un chico estudioso y responsable.

Todos hablaban del debate con excepción de Lila. Lila continuó dibujando.

– Cálmense –respondió la señora Martínez riéndose–. Ustedes son expertos en debatir. Partici-

Capítulo 1

pan en debates todos los días. Debaten con sus padres, con sus amigos y con sus maestros.

– ¿Cómo debatimos? –le preguntó Angélica, la chica más atractiva, popular y arrogante de la escuela.

Lucha Lila

– Angélica, ¿tienes una hermana, no?

– Sí, maestra, tengo una hermana.

– ¿Tienes discusiones[1] con ella?

– ¡Claro! Todos los días –le respondió Angélica.

– ¿Sobre qué?

– Mi hermana siempre se roba mis cosas. Ella me quiere imitar…, en realidad quiere ser yo. Es obvio por qué –dijo Angélica y se rio con arrogancia… La clase también se rio…, con excepción de Lila.

– Chicos, levanten la mano si debaten con sus familias.

Las manos de casi todos los estudiantes se levantaron. Pero Lila no levantó la mano. Ella no debatía… ni con sus padres ni con sus hermanos. Los debates de Lila solo ocurrían en su imaginación. La maestra continuó.

– Todos debatimos. Es probable que ustedes sean más convincentes de lo que piensan.

En ese momento, la maestra miró a Lila. A causa del silencio, Lila levantó los ojos y las dos se miraron. A Lila

[1] *discusiones* - arguments

Capítulo 1

no le gustaba llamar la atención. «¡Uf!», pensó Lila mirando su dibujo otra vez. Lila no quería participar en un debate y, en ese momento, realmente no quería participar en la conversación. Hablar enfrente de la gente le provocaba un miedo terrible. «No me hable más», pensó Lila muy estresada.

La maestra continuó mirando a Lila y habló:

– En unos minutos, ustedes van a recibir sus grupos y sus temas para el debate final. Van a estar en grupos de dos. Los grupos van a tener una posición afirmativa y una posición negativa. Tengo aquí los temas y todos son diferentes. Van a agarrar uno sin mirar. Ese va a ser su tema. No es importante si piensan que es interesante o no. No tienen permiso de tener un tema ni un grupo diferente.

La señora Martínez leyó los nombres de los grupos con los temas.

– Álvaro y Jazmín, su tema es: «¿Es necesario eliminar el plástico?».

Angélica gritó sarcásticamente:

– ¡Qué tema más interesante! ¡Plástico! La clase se rio.

Lucha Lila

– Camilo y Ronaldo: «¿Es importante que sea obligatorio que todos los estudiantes lleven uniforme escolar?».

Era obvio que los chicos no estaban entusiasmados con ese tema.

– Maestra, este tema es ridículo. ¡A nadie le importa! –dijo Ronaldo.

La maestra ignoró los comentarios y continuó con la clase.

– Lila y Angélica: «¿Las películas de acción necesitan más superheroínas?».

Angélica casi vomitó cuando escuchó el nombre de Lila.

– Yo no puedo estar con ella en un grupo. Es imposible debatir con una persona que no habla.

La clase se rio, pero Lila no se rio. No reaccionó visiblemente al comentario de Angélica. Continuó dibujando a Wonder Woman.

Capítulo 2
Curiosa

Lila pasó el resto del día pensando en el debate y en los comentarios de Angélica. Se sentía sola y triste. También se sentía enojada. No podía concentrarse en las clases.

Cuando las clases por fin terminaron, Lila salió de la escuela. Caminaba hacia su casa y no estaba contenta. Continuó pensando en su clase de Inglés y en el debate. Tenía miedo del proyecto. No quería hablar enfrente de otras personas. Y... ¡no quería colaborar con la chica más cruel de la escuela!

Lila prefería ser invisible. Ser silenciosa y observar a la gente era perfecto para ella. La clase se reía de ella cuando no hacía nada. Lila no quería ver su reacción cruel cuando participara en un debate público.

Gritos enojados de dos mujeres interrumpieron los pensamientos de Lila. «¿Qué es esto?», pensó Lila sorprendida. Ella vio que estaba enfrente de un gimnasio nuevo: La Lucha Viva. Curiosa, Lila fue a investigar.

Lucha Lila

Capítulo 2

Había muchas personas en el gimnasio practicando, pero los gritos salían de otra parte. Lila pensó: «¿Esas chicas estarán bien? ¿Tendrán problemas? ¿Alguien las está atacando?».

Ella caminó hacia los gritos. Detrás del gimnasio había un ring. Dos mujeres estaban luchando y gritando. Las dos mujeres luchaban agresivamente. Lila estaba completamente fascinada. Admiró la pasión y la fuerza que ellas expresaban. Ella pensó que era como un baile de combate. Pasaron varios minutos y, por fin, una de las mujeres levantó a la otra dramáticamente y las dos se cayeron violentamente al suelo. La lucha se había terminado[1].

Las mujeres se levantaron y Lila vio que una de ellas era Atena, una chica que estaba en el 12.° grado en su escuela. Ella le sonrió a Lila y saltó del ring.

– ¡Hola! ¿Qué tal? –dijo Atena.

– Todo bien.

– ¿Cómo te llamas?

[1] *se había terminado - it had ended*

Lucha Lila

– Soy Lila –dijo ella tímidamente.

– ¿Perdón?

– Lila. Me llamo Lila –le dijo con un poco más de volumen en la voz.

– ¡Hola, Lila! Soy Atena y ella es Diana. ¿Qué pensaste de la lucha?

– ¡Fue impresionante! Fue como una combinación de baile y lucha.

– Eso es exactamente. La lucha libre es teatro, es un baile violento. ¿Te interesa luchar?

– No, no.

– Siempre necesitamos más luchadoras.

A Lila le gustó la invitación, pero tenía mucho miedo.

– No, gracias. Tengo que irme. Adiós.

Ella se fue rápidamente.

Capítulo 3
Frustrada

Cuando Lila entró a la casa, vio a su padre y a su hermano. Su mamá no estaba porque estaba trabajando. Al entrar, su padre le dijo:

– Lila, queremos comida.

Frustrada, Lila comenzó a preparar tacos. Ella continuó pensando en su experiencia con Atena y Diana. Ella se imaginaba que luchaba en el ring con Angélica. Se imaginó que la levantaba y que la tiraba al suelo.

– ¡Lila! ¡Dame la comida ya! –gritó su hermano Juan Carlos.

– ¡Ándale, muchacha! –gritó su papá.

Lila terminó de preparar los tacos y se los dio. Entonces, se sentó con ellos para comer.

– Lila, mañana tengo un evento en mi trabajo y necesito que prepares 65 tamales –le dijo su papá.

Lucha Lila

«¡¿En serio?! Yo tengo mucha tarea y un examen. No puedo preparar 65 tamales. ¿Está loco? Yo no soy su sirvienta», pensó Lila.

Después de comer, Lila preparó los tamales en silencio. A las diez de la noche, su mamá regresó de trabajar. Vio que Lila estaba preparando muchos tamales.

– Hola, mi amor. ¿Cómo estás?

– Bien, mamá –respondió Lila.

– ¿Qué te pasa, Lila?

Lila no dijo nada.

– ¿Tu papá otra vez necesita tamales para su trabajo?

– Sí. –le respondió Lila frustrada.

– Lila, no hay problema, yo puedo preparar el resto. Yo los termino –le dijo su mamá e inmediatamente comenzó a preparar los tamales.

Lila miró a su mamá. Era obvio que ella estaba muy cansada después de trabajar todo el día. Lila no comprendía a su mamá. «¿Por qué quiere ayudar a papá? Ella se fue a su dormitorio para hacer su tarea.

Capítulo 3

El próximo día, Lila vio a Atena cuando entró a la escuela. Le sonrió. Lila pensó en la lucha de las dos chicas. Ella quería ser fuerte como ellas. Ella quería sentirse libre de las presiones y del estrés de su vida. Lila se imaginaba que estaba luchando en el ring. Se sentía nerviosa y feliz. Caminó hacia Atena.

– ¡Hola! ¿Qué tal?

– ¿Bien y tú? –dijo Atena.

– Bien…. Um… Bueno…

– ¿Qué?

– Es que… ¡Quiero luchar!

– ¡¿En serio?! ¡Fantástico! Te va a gustar mucho. Nos vemos después de clases para ir al gimnasio.

– Está bien. ¡Gracias!

– ¡Estupendo! ¡Adiós!

Capítulo 4
Lista

Atena y Lila fueron al gimnasio después de la escuela. Cuando Lila entró al gimnasio vio a mucha gente entrenando y también escuchó música rock. Había mucha energía en el gimnasio. Varios hombres que tenían buena condición física practicaban boxeo. Había fotos grandes de luchadores y luchadoras con máscaras brillantes.

– Bueno, esto es La Lucha Viva.

– Me gusta.

– ¿Estás lista para entrenar?

– No sé… ¿Sí?

Atena sonrió.

– Primero vamos a correr. ¡Vámonos!

Las dos chicas salieron del gimnasio y corrieron.

Capítulo 4

Lucha Lila

— ¿Por cuántos años has estado entrenando? –le preguntó Lila.

— Pues, ya casi son cinco años. Me interesó porque mi familia, mi papá en particular, siempre miraba las luchas. Cuando era niña me gustaba verlas, especialmente me gustaba ver las máscaras. ¡Era tan emocionante!

— ¿Tú tienes una máscara? –le preguntó Lila con curiosidad.

— ¡Claro! –exclamó Atena–. Me encanta. Es mi otra personalidad. Cuando llevo mi máscara puedo ser diferente. Con mi máscara puedo ser más que una chica ordinaria.

Continuaron corriendo. Lila pensó en el comentario de Atena: «Cuando llevo mi máscara puedo ser diferente». Quería responderle a Atena, pero no pudo. Estaba corriendo mucho y no podía hablar.

Lila quería entrenar. Quería luchar. Ella iba a necesitar el permiso de uno de sus padres, pero no quería hablar con su papá. Una noche, después del trabajo, Lila habló con su mamá.

Capítulo 4

– Mamá, estoy interesada en entrenar en un gimnasio.

– ¿Sí? ¿Qué tipo de gimnasio?

– Es un gimnasio de lucha libre.

– ¿En serio? Es un poco raro que una chica practique la lucha libre.

– Lo sé, pero me interesa mucho. ¿Puedo?

Su mamá sonrió.

– Hablaré con tu padre para ver qué dice.

Por la mañana, su mamá le informó que su padre no estaba a favor de que su hija practicara la lucha libre, pero su mamá lo había convencido. Lila estaba contenta.

– Gracias, mamá –le dijo Lila con entusiasmo.

– Tu papá dice que es importante mantener tus estudios.

– Claro –respondió Lila, feliz.

Lucha Lila

Entonces, su mamá salió para su trabajo y Lila salió para la escuela. Después de clases, Atena vio a Lila:

– Bueno, Lila, ¿quieres entrenar ahora?

– Sí, ¡vámonos!

Atena y Lila fueron al gimnasio. Entraron y caminaron hacia el ring. Un hombre musculoso estaba luchando con un chico. Lila vio que era Camilo, el de su clase de Inglés. El hombre tiró a Camilo al suelo dramáticamente. Cuando ellos se levantaron, Atena entró al ring.

– Hola, Paco. Estoy aquí con Lila. Ella quiere entrenar y luchar.

Lila entró al ring por primera vez. Ella notó que el suelo del ring era elástico.

– Hola –dijo ella con voz tímida.

Paco le dio la mano. Exclamó:

– Si tú luchas como das la mano, ¡vas a tener problemas! La primera impresión es la más importante. Necesitas comunicar inmediatamente que eres fuerte. Dame la mano otra vez. Tienes otra oportunidad.

Capítulo 4

Lila le dio la mano y agarró la mano de Paco con más fuerza.

– ¡Así, chica! –gritó Paco–. Bueno, van a entrenar ahora. 200 saltos de tijera[1]. ¡Rápido!

Los tres saltaron rápidamente.

– ¡Uno, dos, tres, cuatro…!

Al principio no fue difícil para Lila, pero el salto número 100 fue mucho más difícil.

– ¡100 más! –gritó Paco.

Después de 200 saltos de tijera, Lila quería caerse al suelo. Estaba muy cansada.

– Bien muchachos. Primero tienen que dominar la caída[2] y, entonces, pueden practicar los vuelos. Lo más importante es caer sin lastimarte a ti ni a tu oponente. Atena, tira a Camilo.

Atena agarró a Camilo y lo tiró al suelo.

¡Pum!

[1]*saltos de tijera - jumping jacks*
[2]*la caída - falling down*

Lucha Lila

Camilo se levantó rápidamente con una gran sonrisa.

Entonces, Paco le dio instrucciones a Lila para que pudiera caer sin lastimarse. Lila estaba nerviosa y motivada.

– ¡Vamos!

Paco la agarró y la tiró al suelo.

Capítulo 4

Y otra vez, y otra vez…, por una hora. Lila no tenía nada de energía.

– ¿Estás cansada? –dijo Paco.

– Sí –respondió Lila.

– Caerse es fácil; lo difícil es levantarse. Hay mucha adrenalina cuando te caes. Pero revelas tu determinación cuando continúas levantándote.

Lila practicaba todos los días.

Todas las noches, después de sus prácticas, Lila regresaba a su casa completamente exhausta. Todas las noches se sentía exhausta, pero feliz.

Capítulo 5
Expresiva

– ¡Buenos días clase! Vamos a ver y a hablar de otro de los murales de Pilsen. Es uno de mis favoritos. Se llama Galería del Barrio y es una creación de Aurelio Díaz –dijo la maestra de Arte, la señora Griffin.

La clase miró una foto grande del mural que la maestra había proyectado.

Era una representación de 11 hombres con emociones diferentes.

– ¿Qué piensan? ¿Qué quiere comunicar el artista con este mural?

Capítulo 5

A Lila el mural le llamó mucho la atención. Lo miró intensamente. Camilo levantó la mano para hablar.

– Yo veo la evolución de las emociones de una persona. Primero, estamos felices. Tenemos lo que necesitamos. La vida es buena. Pero, después, pasan cosas que son difíciles. Vemos injusticias y cosas horribles que pasan en nuestras vidas y en el mundo. Nos sentimos tristes, pero la tristeza no es suficiente. Necesitamos justicia. Entonces, la tristeza se transforma en furia.

– ¡Interesante! Gracias, Camilo.

La maestra Griffin miró a la clase.

– Lila, ¿tú qué piensas?

«Me encanta. Es increíblemente expresivo. Yo soy

Lucha Lila

cada una de esas caras. Yo siento todas esas emociones, pero no las expreso mucho», pensó Lila.

– Me gusta lo que dijo Camilo.

– A mí también –dijo la Maestra Griffin–, pero yo quiero saber lo que piensas tú.

– No sé –respondió Lila–. No tengo una opinión sobre el mural.

– Lila, ven aquí.

Lila no comprendió. No se movió.

– Ven aquí, por favor.

Lila se levantó nerviosamente y caminó hacia la maestra. La maestra Griffin tocó la imagen del primer hombre que estaba en el mural.

– Por favor, imita la expresión de este hombre.

Lila estaba mortificada. La maestra Griffin sonrío como el hombre.

– Clase, vamos a imitar esta expresión.

Toda la clase sonrió. Ahora, Lila también sonrió.

– ¡Muy bien!

Ella tocó a otro hombre. La clase y Lila sonrieron.

Capítulo 5

— Muy bien, Lila. Continúa, por favor. Imita a este hombre.

Lila continuó imitando las expresiones con la maestra Griffin. Le fue difícil imitar las dos expresiones finales. Ella se sentía ridícula.

— ¡Ándale, Lila! –dijo la maestra Griffin con una expresión de furia–. ¡Grrrrr!

— Rrrr… –dijo Lila sin entusiasmo.

— ¡Grrrrr! –Gritó la maestra.

Lucha Lila

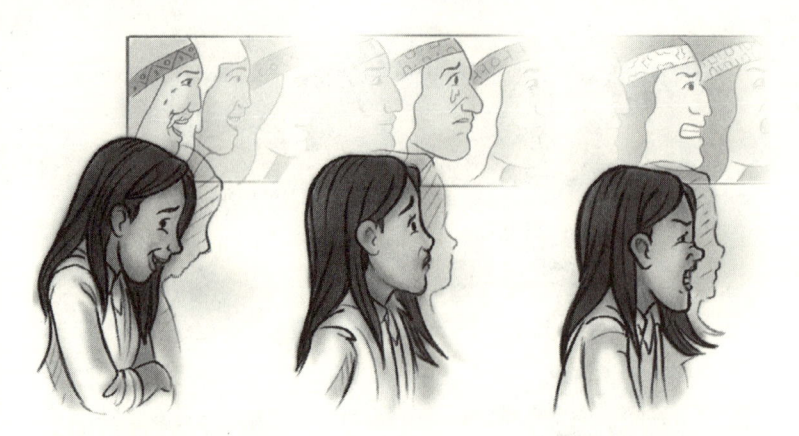

Lila no quería controlarse más. No le importaba cómo reaccionaría la clase.

– ¡¡¡¡Raaaaaaaaa!!!! –Exclamó Lila fuertemente.

La clase aplaudió y también gritó.

– Excelente, Lila. Ahora, ¿qué piensas de este mural?

– Es una reflexión de la vida emocional de todos nosotros –le respondió Lila.

– Sí, ¿y qué más?

– Bueno, en un momento puedo sentirme feliz, luego una persona me dice algo cruel y, de repente, me siento triste. Normalmente, para mí, la tristeza es la emoción final.

Capítulo 5

- ¿Cómo? –dijo la maestra.

- Es difícil para las chicas expresar las emociones de enojo y furia. No es aceptable. Cuando expresamos eso, el mundo dice que estamos locas o que somos ridículas. Nos critican. Para mí, eso es una injusticia.

- Gracias por comunicar eso, Lila. Es muy importante. Chicas, ¿quién tiene la misma opinión que Lila?

Todas las chicas levantaron la mano.

- Bueno, clase, ustedes van a dibujar sus ideas en un mural. Este mural necesita expresar y comunicar una idea que sea personal para ti.

Lila tenía una idea brillante.

Capítulo 6
Diferente

Después de clases, Lila caminó con Camilo a su casa. A ella le gustaba tener un nuevo amigo en su vida.

– Camilo, ¿por qué luchas?

– Porque toda la gente piensa que soy un chico académico y nada más. Quiero la oportunidad de no ser perfecto…, de ser malo. Cuando llevo mi máscara, puedo ser otra persona…; puedo tener una personalidad diferente. No necesito ser ni respetuoso ni perfecto. Me gusta mucho.

– ¿Tienes un nombre de luchador?

– Sí, claro. Yo soy... Clandestino –dijo Camilo dramáticamente.

– ¡Ja, ja! ¿Porque nadie sabe que eres tú el de la máscara…?

– ¿Quieres ver mi máscara? –le preguntó Camilo con entusiasmo.

Capítulo 6

– ¡Claro que sí! –exclamó Lila feliz.

– Vamos a mi casa.

Al entrar a la casa, Camilo entró a su dormitorio y salió rápidamente con su máscara. Era negra y plateada. Se puso la máscara e inmediatamente, se transformó en Clandestino. Ya no era Camilo. Clandestino caminaba con energía y confianza. Su presencia era impresionante. Él miró a Lila con una expresión seria. Clandestino comenzó a practicar su rutina de lucha. Actuaba como una persona diferente. Era arrogante y animado.

– Soy Clandestino. Piensas que me conoces. Piensas que soy tímido…, que siempre soy bueno. Pero en verdad no me conoces.

La energía de Clandestino era muy diferente a la del Camilo normal. Lila estaba fascinada con el show espontáneo, pero también se sentía nerviosa.

Clandestino notó que Lila se sentía nerviosa y se quitó la máscara.

– Lila, está bien. No era real. Soy yo, Camilo.

Lila lo miró y sonrió.

Lucha Lila

– Eres completamente diferente cuando llevas tu máscara.

– Sí, lo sé. Me gusta mucho ser Clandestino. Cuando soy Clandestino me siento fuerte… Me siento libre.

– Eres impresionante.

– ¿Tú quieres practicar? Tengo una máscara extra. Es mi primera máscara.

Camilo fue a su dormitorio y regresó con una máscara plateada. Se la pasó a Lila. Ella la miró con fascinación y curiosidad.

– ¡Ándale! Tú te la puedes poner –le dijo Camilo.

Lila se puso la máscara y miró a Camilo. Detrás de la máscara, Camilo no podía ver las emociones de Lila. La máscara era una forma de protección para Lila. Detrás de la máscara, Lila tenía más confianza.

Camilo observó a Lila y sonrió. Entonces, se puso su máscara otra vez.

Camilo intentó agarrar a Lila, pero ella se escapó. Salió de la casa y corrió hacia el jardín. Camilo también salió corriendo. En el jardín, los dos luchadores caminaron en círculos.

Capítulo 6

Lucha Lila

Camilo corrió hacia Lila y la agarró.

– ¡Te voy a destruir! –le gritó Camilo.

Lila estaba en problemas. Le gustaba el arte de la lucha, pero también le daba un poco de miedo. Nerviosa, Lila exclamó:

– ¡Es imposible destruir un volcán!

Lila escapó de Camilo, y Camilo se rio y se quitó la máscara.

– Impresionante, Lila. ¿Ya ves que con la máscara eres diferente? –le dijo Camilo con entusiasmo.

Lila se quitó la máscara y le respondió:

– Sí, súper diferente. Soy otra persona, pero no soy otra persona. Soy yo. Soy más que yo. ¡Me gusta mucho!

– A mí también. Ahora, necesitas pensar quién quieres ser. ¿Cómo va a ser tu personalidad en el ring? ¿Quién eres? ¿Vas a ser técnica o ruda?

– ¿Cuál es la diferencia?

– Los técnicos son los buenos. La audiencia siempre quiere que ellos ganen. Los rudos son más intensos, menos respetuosos. Son…

Capítulo 6

¡rudos! –le explicó Camilo riéndose.

– ¿Qué es Clandestino, técnico o rudo?

– ¿Yo? Soy técnico. ¿Quiénes te gustan más, los técnicos o los rudos?

Lila pensó en Angélica: «¡Qué egoísta!». Pensó en los comentarios condescendientes e irrespetuosos de su papá. También pensó en su mamá: «¿Por qué ella no se defiende? ¿Por qué sirve a papá continuamente?». Era una decisión difícil… «No quiero ser egoísta como Angélica ni irrespetuosa como mi papá. Mi mamá es buena persona, pero ella necesita más confianza para defenderse». Lila consideró las dos opciones y, finalmente, le respondió a Camilo:

– Los rudos.

Capítulo 7
Voladora

Capítulo 7

Los meses pasaron y Lila continuó practicando lucha libre. Corría todos los días con Atena, y ahora correr era más fácil. ¡Ahora podía hablar mientras corría! Lila se sentía más fuerte y tenía más resistencia, pero las prácticas de Paco eran muy difíciles. En las clases, los ejercicios eran intensos. Pero el cardio no era el ejercicio más difícil. A Paco le gustaban los entrenamientos interminables porque quería hacerlos más fuertes. A veces, ella pensaba que iba a explotar.

Lila pasaba muchas horas practicando el arte de caerse. Ahora, ella podía caerse fácilmente en muchas posiciones. Y también era experta en escaparse de varias llaves[1].

Un día, Paco dijo que ella estaba lista para practicar los topes[2]. Lila sonrió. Ella siempre había querido volar. Paco saltó de la primera cuerda al suelo. Lila lo imitó. Ellos practicaron muchos topes.

[1]*llaves - wrestling holds, submissions*
[2]*topes - flying moves*

Lucha Lila

Capítulo 7

– Lila, los movimientos son importantes, pero también necesitas expresar emoción con ellos. La audiencia siempre te está evaluando. El teatro de la lucha es tan importante como la coreografía y los movimientos. Tú les estás comunicando un drama a ellos y necesitas ser convincente.

– Está bien –dijo Lila.

– Bueno, imagina que yo soy tu oponente. Caminemos por el ring. Solo caminemos. Cuando caminas, necesitas comunicar que me vas a dominar…; que tú vas a ganar.

Lila caminó por el ring con Paco. Caminó con buena postura y miró a Paco con una sonrisa.

– ¡No! No me vas a dominar así. Necesitas mirarme con furia. Tu presencia necesita ser grande…, eléctrica. Más grande que el ring. Tu presencia necesita expandirse e incluir a toda la audiencia. Los fans necesitan tenerte miedo, no solo yo.

Lucha Lila

Capítulo 7

Paco le demostró cómo caminar. Lila vio que su presencia era diferente. Era gigante y fuerte. Ella se sintió un poco ridícula, pero lo imitó. Exageró sus movimientos y actuó más agresiva cuando caminaba.

– ¡Eso es! –gritó Paco feliz.

Las habilidades de Lila avanzaron rápidamente. Paco estaba impresionado con su progreso. Un día, después de verla luchar con Camilo en el ring, Paco le dijo que quería hablar con ella.

– Lila, yo pienso que ya estás lista. Todos los gimnasios de Chicago van a participar en una lucha oficial, La alianza de lucha. La vamos a tener aquí y te quiero invitar a que participes. Quiero que luches contra Camilo.

– ¡Fantástico! Yo quiero luchar. ¡Gracias, Paco!

– Pero Lila, necesitas una máscara y una personalidad de luchadora. ¿Las tienes?

– ¡No! Tengo que pensarlo bien… ¿Quién voy a ser?

Capítulo 8
Brillante

– Atena, ¿tú vas a luchar en La alianza de lucha?

– Sí, voy a luchar contra Diana.

– Paco me invitó a luchar contra Camilo.

– ¡Increíble!

– Pero, no tengo una máscara ni tengo una personalidad de luchadora.

– Después de la práctica, vamos a visitar a una persona que te puede ayudar.

Más tarde, Lila y Atena caminaron a la casa de Luz Vargas. Ella era una mujer popular e importante para los luchadores de Chicago. Luz preparaba las máscaras y los disfraces de los luchadores. Ellas entraron a su casa y Lila se sintió fascinada. La casa era extraordinaria. Había muchísimas máscaras en exhibición en el salón. También había disfraces de muchos colores y fotos de luchadores

Capítulo 8

Lucha Lila

con sus autógrafos. Era como un museo.

> – Buenas tardes, Atena. ¿Cómo estás? ¿Cómo está tu papá?

> – Buenas tardes, señora Vargas. Estoy bien y mi papá también.

> – ¿En qué les puedo ayudar? –le preguntó la señora Vargas

> – Bueno, le quiero presentar a Lila. Ella es una amiga mía y también es luchadora. Ella necesita una máscara y una personalidad de luchadora. ¿Usted la puede ayudar?

> – ¡Claro que sí! Pasen, por favor.

Las tres caminaron al jardín y la señora Vargas comenzó a hablar:

> – Lila, formar tu personalidad de luchadora es muy personal e importante. Necesitas expresar parte de tu personalidad real. ¿Quién te inspira?

Capítulo 8

– Bueno, me gustan mucho los superhéroes…, especialmente las heroínas como Wonder Woman, Capitán Marvel y Storm… Me fascinan.

– Mmm, hmm. ¿Y cómo te sientes cuando luchas? ¿Eres diferente?

– Sí, me siento transformada. Tengo más poder. Me siento más fuerte, más libre.

– ¿Hay una criatura que personifique esa transformación?

Lila pensó en silencio por unos minutos. La visión de una criatura mágica se formó en su imaginación.

– ¡Sí!

– ¿Qué es?

– Un fénix.

– ¡Excelente! ¿Qué representa el fénix para ti?

Lucha Lila

– Representa la habilidad de transformarse en una persona diferente.

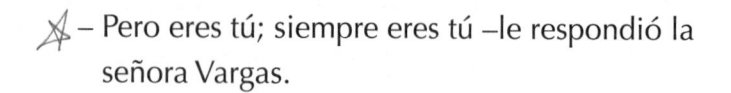

– Pero eres tú; siempre eres tú –le respondió la señora Vargas.

– Sí, soy yo, pero tenía miedo de revelar quién soy en realidad . La lucha me ha dado la confianza para ser quien realmente soy. Antes, no tenía confianza para revelar mi verdadera personalidad. No quería hablar en clase. No quería decirle «no» a nadie. Realmente tenía miedo de expresarme. La lucha me ha permitido expresarme más.

– Muy bien, ahora necesitamos hablar de tu disfraz y de tu máscara.

– Deme un momento, por favor.

Lila agarró sus dibujos. En un papel nuevo, ella dibujó a una chica con un disfraz de lucha libre. Ella también dibujó una máscara.

Lila le pasó el papel a la señora Vargas.

Capítulo 8

Lucha Lila

– También eres una buena artista. Me gusta mucho tu dibujo. Yo te puedo hacer la máscara y el disfraz. Van a ser brillantes… como el fénix y como tú.

– Muchas gracias, señora Vargas.

El próximo día, en la escuela, Lila salió de la cafetería y vio a Angélica con un grupo de amigas. Cuando ella pasó por donde estaban, Angélica habló con un tono cruel.

– ¿Ya escucharon que ahora Lila lucha?

– ¡Ja, ja, ja! ¿En serio? –comentó otra chica.

– ¡Sí! Y si ella luchara con un mosquito, es obvio que el mosquito ganaría –dijo Angélica cruelmente.

Lila sintió furia. Quería escapar. Quería gritar. Quería explotar. Quería levantar a Angélica y tirarla al suelo, pero no hizo nada. Solo miró a Angélica con una expresión cruel.

Capítulo 9
Transformada

La alianza de lucha

Lila entró al gimnasio transformada. Escuchó que el volumen de la música tecno era muy fuerte. Lila estaba muy nerviosa. Había mucha gente. No solo adultos sino también muchos niños y bebés. Ella escapó al salón de los luchadores, donde vio a Camilo.

– ¡Hola, Lila! ¿Estás lista?

– Hola, Camilo. Estoy lista para luchar contra ti, pero estoy súper nerviosa de hacerlo enfrente de mucha gente. ¿Qué pasa si me caigo?

– Te vas a caer mucho… ¡Es parte de nuestra coreografía!

– ¡Ja, ja! ¡Es en serio! ¿Qué pasa si no puedo hablar ni decir mis líneas?

– La lucha es un arte, no una ciencia. Yo voy a estar contigo en el ring. Yo te voy a ayudar. No te preocupes.

Lucha Lila

Capítulo 9

Lila sonrió y se fue para transformarse en La Fénix. Ella estaba muy contenta con el disfraz y con la máscara de la señora Vargas. Se miró en el espejo y se sintió más fuerte. Cuando llevaba la máscara, Lila podía sentir otras partes de su personalidad. Sentía energía, intención y anticipación. Se sentía eléctrica.

Cuando Paco la vio en su disfraz, aplaudió. Lila sonrió. Se sentía increíble.

– Lila, te ves impresionante. Te sabes tus líneas. Te sabes la coreografía. Quiero que luches con mucha pasión. Tú eres La Fénix.

Había música rock en el aire y el anunciador del evento gritó en el micrófono.

– ¡Damas y caballeros, gracias por estar aquí para La alianza de lucha! Tenemos un espectáculo increíble para todos ustedes. Primero vamos a invitar al ring a un luchador ágil y tremendo. Un gran aplauso para… ¡¡¡¡¡Clandestino!!!!!

Camilo salió y corrió en un círculo grande tocando las manos de la audiencia.

Lucha Lila

– Y ahora, tenemos a una nueva luchadora. ¡¡¡Un aplauso gigante para La Fénix!!! Ella entró al ring dramáticamente y se subió a las cuerdas para animar a la audiencia. Clandestino entró al ring para hablar con ella. Era obvio que no estaba contento. Él agarró el micrófono del anunciador.

– Hola, preciosa. ¿Por qué estás aquí? Las mujeres no luchan. Yo solo lucho con hombres. ¿Por qué no vas a mi casa y me preparas unos deliciosos tacos?

Lila le robó el micrófono a Clandestino.

– ¿Ah, sí? ¿Me quieres en tu casa porque me tienes miedo?

La audiencia se rio.

– Sabes que te voy a destruir, ¿verdad?

Clandestino respondió:

– No es posible que una mujer me destruya.

– ¡Uuuuuuuu! –gritó la audiencia.

Capítulo 9

Lucha Lila

En ese momento, Lila corrió a las cuerdas, saltó y tiró a Clandestino al suelo.

¡Pum!

– ¡Todo es posible! –gritó Lila levantando las manos para animar a la audiencia.

Clandestino estaba frustrado y se levantó.

La lucha comenzó en serio.

Capítulo 10
Luchadora

Lucha Lila

La Fénix gritó:

– ¡Que vivan las mujeres!

Ella corrió a las cuerdas y saltó con mucha fuerza hacia Clandestino.

Capítulo 10

La audiencia gritó mucho y Lila caminó por el ring con mucha arrogancia. Clandestino se levantó y ella corrió hacia él. La levantó y la tiró al suelo. ¡Bam!

Lucha Lila

La audiencia estaba como loca por la lucha de Clandestino y La Fénix. La Fénix estaba en el suelo, cuando Clandestino se tiró de las cuerdas y voló hacia ella.

Capítulo 10

Era obvio que Clandestino estaba ganando. El referí dijo:

– ¡Uno, dos…!

Lucha Lila

La Fénix se levantó con mucha energía. La audiencia, especialmente las mujeres, gritaron con entusiasmo. Lila corrió hacia Clandestino y le agarró el brazo.

Capítulo 10

Clandestino gritó y escapó de La Fénix. Pero ella era rápida y lo capturó otra vez. Ella lo contorsionó mucho.

Lucha Lila

Clandestino ya no tenía la fuerza para luchar bien.

Capítulo 10

La Fénix lo estaba dominando. Ella se subió a las cuerdas.

Lucha Lila

Capítulo 10

Lucha Lila

Capítulo 10

Lucha Lila

Después de la lucha, Lila regresó a su casa exhausta. Pero su espíritu estaba completamente electrizado. Lila quería prepararse para el debate con Angélica, pero no tenía energía. «No puedo hacer nada más en este momento», pensó Lila. Ella pensó en la lucha. Los momentos de la lucha pasaron vívidamente en su imaginación.

Por la mañana, Lila estaba preparándose para el debate cuando su papá entró a su dormitorio.

– Necesito que me ayudes a preparar 50 empanadas para mi trabajo.

– Lo siento papá, no puedo.

– ¿Qué? –le respondió su padre sorprendido.

«Otra vez, piensa que soy su sirvienta. Solo me habla cuando necesita algo», pensó Lila.

– No puedo papá, tengo que prepararme para un proyecto escolar –le respondió Lila.

Entonces, miró a su papá a los ojos y, nerviosa, le dijo:

– ¿Me consideras tu sirvienta o tu hija??

Capítulo 10

Su padre se sorprendió. ¡No le gustó esa pregunta y no estaba nada contento! Lila continuó hablando:

– ¿Te importo? ¿Por qué solo me hablas cuando necesitas algo?

Su papá no respondió a su pregunta. Furioso, gritó:

– ¡Yo necesito empanadas!

– ¡Y yo necesito prepararme para un debate importante! No puedo preparar empanadas –dijo Lila firmemente.

Lila estaba nerviosa, pero miró a su papá directamente a los ojos. «Mi papá realmente no me comprende. No tiene ni idea de quién soy ni de cómo me siento», pensó Lila triste y frustrada. Los dos se miraron el uno al otro. Después de un momento de silencio, su papá salió del dormitorio.

Capítulo 11
Femenina

Había una energía nerviosa en la clase de Inglés. Era el primer día de los debates.

La señora Martínez le sonrió a la clase.

– ¡Buenos días a todos! Es un gran día. Es el primer día de debates.

Lila pensó que la maestra era similar al anunciador de la lucha libre. Ella también sintió emociones similares: nervios, energía, intención.

– Angélica y Lila son las primeras. Su tema es: «¿Las películas de acción necesitan más superheroínas?». Angélica, tú vas a introducir tu opinión primero. Después lo va a hacer Lila. Van a tener la oportunidad de responder y defender su posición y, finalmente, pueden hacer una conclusión del tema.

Lila se levantó e imaginó su presentación en el ring con la música tecno y la audiencia aplaudiendo. Ella es-

Capítulo 11

cuchó la voz de Paco: «Te sabes tus líneas. Sabes la coreografía. Quiero que luches con mucha pasión. Tú eres La Fénix». Lila caminó al frente de la clase con una energía impactante. Ella quería una buena lucha.

Angélica habló:

– Buenos días a todos. Estoy aquí para decir que las películas de acción no necesitan más superheroínas. La audiencia principal de las novelas gráficas y películas de acción son chicos y hombres. La lógica de tener más superheroínas en estas películas no existe. Nosotras, las mujeres, preferimos las películas de comedia romántica. Pero, lo más importante, es que las películas de acción con superheroínas promocionan a mujeres que quieren ser como los hombres. Y eso no es natural. Gracias.

La clase le aplaudió a Angélica. Lila pausó. Miró a los estudiantes de la clase hasta que hubo silencio. A ella le gustaba sentir la intensidad del silencio.

– Estoy aquí para hablar de un problema persistente en nuestra sociedad. Es un problema invisible.

Lucha Lila

Lila hizo una pausa para crear un efecto dramático.

– Piensen en los programas de televisión que miran... La presencia femenina casi no existe. El Instituto de Geena Davis hizo varias investigaciones y, en las películas y en la televisión, hay 3 personajes masculinos por cada personaje femenino. Nosotras, las mujeres, estamos condicionadas a aceptar la noción de que las vidas y las voces femeninas no importan…; que realmente no existen. La preferencia por lo masculino nos domina inconscientemente. Cuando vemos a un personaje femenino en los medios, es común que esté estereotipado. Está hiper sexualizado y no tiene ambiciones importantes. Su personalidad solo tiene una dimensión y no tiene nada que ver con su inteligencia ni con sus talentos.

En conclusión, es obvio que sí necesitamos más superheroínas en las películas de acción. Pero lo más importante, es tener representación femenina en todos los medios de comunicación…; una representación respetuosa y positiva. Gracias.

Capítulo 11

Los aplausos erupcionaron energéticamente cuando Lila terminó de hablar. Angélica levantó la mano.

– ¿Tú quieres decir que la perspectiva masculina es mala? –le preguntó Angélica.

– No, al contrario, es importante. Pero la voz femenina también es importante y no está representada lo suficiente –respondió Lila.

– En las películas de acción, las mujeres son agresivas y violentas. No son características femeninas positivas –comentó Angélica.

– ¡Exacto! Cuando las mujeres aparecen en una película, su personalidad es abrasiva. ¿Por qué no son personajes inteligentes y fuertes?

– ¡Obvio! Los hombres son héroes naturales.

– ¿Luchar por lo correcto no es una característica femenina? ¿Ayudar a las personas que necesitan protección no es una característica femenina? –argumentó Lila.

– Prefiero a los héroes masculinos –dijo Angélica.

Lucha Lila

– Las mujeres también podemos ser héroes fuertes, inteligentes y valientes. En general, necesitamos más programas que representen la gran y maravillosa variedad de lo que es ser mujer.

La clase explotó en aplausos. La Fénix... ganó otra vez.

Capítulo 12
Enmascarada

Muchos estudiantes –estudiantes que normalmente no hablaban con Lila– dijeron que su presencia en el debate había sido impresionante. Lila casi flotó hacia la clase de Arte.

> – Buenos días, clase –dijo la maestra–. Estoy muy impresionada con sus ideas para los murales. Muchos de sus dibujos son muy personales e interesantes. Tengo que hacerles una confesión. Yo hablé con un amigo mío que es artista y que vive aquí en Pilsen. Yo le mostré sus dibujos y uno le llamó mucho la atención. ¡Él quiere pintar un mural real con esa idea!

Los estudiantes murmuraron.

> – ¿De quién es el dibujo?

> – ¿Es el mío?

> – Mi dibujo es terrible. Definitivamente no va a ser el mío.

Lucha Lila

La maestra proyectó una imagen. Era el dibujo de Lila.

– Lila, ¿puedes hablar con nosotros de tu idea?

Lila se levantó y caminó al frente de la clase. Estaba nerviosa. También, sentía mucha electricidad y energía. ¡Su dibujo iba a ser un mural! Con confianza, Lila describió su dibujo:

– Siempre estamos usando máscaras, visibles o invisibles. Yo practico la lucha libre. Cuando usé una máscara por primera vez, pude expresar partes de mí que normalmente eran inaccesibles. Me sentí libre. Tenemos diferentes versiones de quiénes somos, dependiendo de la situación. La aventura es saber quiénes somos de verdad, debajo de nuestras máscaras. La aventura es sentirse feliz con todas las diferentes máscaras que llevamos día a día.

Capítulo 12

FIN

Glosario

A

a - to
abrasiva(o) - abrasive
académico(a) - academic
acción - action
aceptable - acceptable
aceptar - to accept
actuaba - s/he acted, s/he was acting
actuó - s/he acted
adiós - good bye, bye
admiró - s/he admired
adrenalina - adrenaline
adultos(as) - adults
afirmativa(o) - affirmative
agarrar - to grab
agarró - s/he grabbed
ágil - agile
agresiva(o) - aggressive
agresivamente - aggressively
agresivas(os) - aggressive
ahora - now
aire - air
al - to the
algo - something
alguien - someone
alianza - alliance
ambiciones - ambitions
amiga(s) - friend(s)
amigo(s) - friend(s)
amor - love
ándale - let's go
animado(a) - animated
animar - to animate
años - years
antes - before
anticipación - anticipation
anunciador - announcer
aparecen - they appear
aplaudiendo - applauding
aplaudió - s/he applauded
aplauso(s) - applause
aquí - here
argumentó - s/he argued
arrogancia - arrogance
arrogante - arrogant
arte - art
artista - artist
así - so
atacando - attacking
atención - attention
atractiva - attractive

Glosario

audiencia - audience
autógrafos - autographs
avanzaron - they advanced
aventura - adventure
ayudar - to help
ayudes - you help

B

baile - s/he dances
barrio - neighborhood
bebés - babies
bien - good; well; okay
boxeo - boxing
brazo - arm
brillante(s) - shiny, bright
bueno(a) - good
buenos(as) - good

C

caballeros - gentlemen
cada - every
caer - to fall
caerse - to fall, to fall down
caes - you fall
cafetería - cafeteria
caída - fall
caigo - I fall

cálmense - calm down
caminaba - s/he walked, was walking
caminando - walking
caminar - to walk
caminaron - they walked
caminas - you walked
caminemos - we walk
caminó - s/he walked
cansada - tired
capitán - captain
capturó - s/he captured
característica(s) - characteristic(s)
caras - faces
cardio - cardio
casa - house
casi - almost
causa - because
causar - to cause
cayeron - they fell
chica(s) - girl(s)
chico(s) - boy(s)
ciencia - science
cinco - five
círculo(s) - circle(s)
claro - of course
clase(s) - class(es)

Lucha Lila

colaborar - collaborate
colores - colors
combate - combat, fight
combinación - combination
comedia - comedy
comentario - commentary
comentarios - commentaries
comentó - s/he commented
comenzó - s/he began
comer - to eat
comida - food
como - like; as
cómo - how
completamente - completely
comprende - s/he understands
comprendía - s/he understood
comprendió - s/he understood
común - common
comunicación - communication
comunicando - communicating
comunicar - to communicate
con - with

concentrarse - to concentrate
conclusión - conclusion
condescendientes - condescending
condición - condition
condicionadas - conditioned
confesión - confession
confianza - confidence
conoces - you know
consideras - you consider
consideró - s/he considered
contenta(o) - happy
contigo - with you
continúa - continue
continuamente - continuously
continuaron - they continued
continúas - you continue
continuó - s/he continued
contorsionó - s/he contorted
contra - against
(al) contrario - on the contrary
controlarse - to control oneself
convencido - convinced
conversación - conversation

Glosario

convincente(s) - convincing
coreografía - choreography
correcto - correct
correr - to run
corría - s/he ran
corriendo - running
corrieron - they ran
corrió - s/he ran
cosas - things
creación - creation
crear - to create
criatura - creature
critican - they criticize
cruel - cruel
cruelmente - cruelly
cuál - which
cuando - when
cuántos - how many
cuatro - four
cuerda(s) - rope(s)
curiosa - curious
curiosidad - curiosity

D

da - s/he gives
daba - s/he gave
dado - given
damas - ladies
dame - give me
das - you give
de - of, from
debajo - under
debate - debate
debaten - they debate
debates - you debate
debatía - s/he debated
debatimos - we debate
debatir - to debate
decir - to say
decirle - to say to him/her
decisión - decision
defender - to defend
defenderse - to defend oneself
defiende - s/he defends
definitivamente - definitely
del - of the
deliciosos - delicious
deme - give me
demostró - s/he demonstrated
dependiendo - depending
describió - s/he described
descubre - s/he discovers
después - after
destruir - to destroy

Lucha Lila

destruya - s/he destroys
determinación - determination
detrás - behind
día(s) - day(s)
dibujando - drawing
dibujar - to draw
dibujo(s) - drawing(s)
dibujó - s/he drew
dice - s/he says
diez - ten
diferencia - difference
diferente(s) - different
difícil(es) - difficult
dijeron - they said
dijo - s/he said
dimensión - dimension
dio - s/he gave
directamente - directly
discusiones - arguments
disfraces - costumes
disfraz - costume
domina - s/he dominates
dominando - dominating
dominar - to dominate
donde - where
dormitorio - bedroom
dos - two
drama(s) - drama(s)
dramáticamente - dramatically
dramático - dramatic

E

efecto - effect
egoísta - selfish
ejercicio(s) - exercize(s)
el - the
él - he
elástico - elastic
eléctrica - electric
electricidad - electricity
electrizado - electrified
eliminar - to eliminate
ella - she
ellas - they
ellos - they
emoción(es) - emotion(s)
emocional - emotional
emocionante - exciting
empanadas - stuffed pastry
en - in
(le) encanta - s/he loves
energéticamente - energetically
energía - energy

Glosario

enfrente - in front
enojados - angry
enojo(a) - anger
entonces - then
entraron - they entered
entrenamientos - training sessions
entrenando - training
entrenar - to train
entró - s/he entered
entusiasmados - enthusiastic
entusiasmo - enthusiasm
era - s/he/it was
eran - they were
eres - you are
erupcionaron - they erupted
es - s/he/it is
esa - that
esas - those
escapar(se) - to escape
escapó - s/he escaped
escolar - school
escucharon - they listened
escuchó - s/he listened
escuela(s) - school(s)
ese - that
eso - that
especial - special

especialmente - especially
espectáculo - show
espejo - mirror
espíritu - spirit
espontáneo - spontaneous
esta - this
está - s/he is
estaba - s/he was
estaban - they were
(has) estado - (have you) been
estamos - we are
estar - to be
estarán - they will be
estas - these
estás - you are
este - this
esté - s/he be
estereotipado - stereotyped
esto - this
estoy - I am
estrés - stress
estresada - stressed
estudiantes - students
estudios - studies
estudioso - studious
estupendo - amazing
evaluando - evaluating

Lucha Lila

evento - event
evolución - evolution
exactamente - exactly
exacto - exact
exageró - s/he exaggerated
examen - test
excelente - excellent
excepción - exception
exclamaron - they exclaimed
exclamó - s/he exclaimed
exhausta - exhausted
exhibición - exhibition
existe - s/he/it exists
existen - they exist
expandirse - to expand
experiencia - experience
experta - expert
expertos - experts
explicó - s/he explained
explotar - to explode
explotó - s/he exploded
expresaban - expressed
expresamos - we express
expresar - to express
expresarme - to express myself
expresión(es) - expression(s)
expresivo - expressive
expreso - I express
extra - extra
extraordinaria - extraordinary

F

fácil - easy
fácilmente - easily
familia - family
familias - families
fans - fans
fantástico - fantastic
fascinación - fascination
fascinada - fascinated
fascinan - they fascinate
(por) favor - please
favoritos - favorites
felices - happy
feliz - happy
femenina(s) - feminine
femenino - feminine
fénix - phoenix
figura - figure
fin - end
final(es) - last
finalmente - finally
firmemente - firmly

Glosario

física - physical
flotó - floated
flying - flying
forma - form
formar - to form
formó - formed
foto(s) - photo
frente - front
frustrada(o) - frustrated
fue - s/he/it was
fueron - they went
fuerte(s) - strong
fuertemente - strongly
fuerza - strength
furia - fury
furioso - furious

G

galería - gallery
ganando - winning
ganar - to win
ganaría - would win
ganen - they win
ganó - s/he won
general - general
gente - people
gigante - gigantic
gimnasio(s) - gym(s)

gracias - thank you
grado - grade
gráficas - graphic
gran - big
grande(s) - big
gritando - yelling
gritar - to yell
gritaron - they yelled
gritó - s/he yelled
gritos - shouts
grupo(s) - group(s)
(me) gusta - I like
(me) gustaba - I liked
(le) gustaba - s/he liked (it)
(le) gustaban - s/he liked (them)
(me) gustan - I like (them)
gustar - to like
(le) gustó - s/he liked

H

ha - has
había - there was, there were
habilidad - ability
habilidades - abilities
habla - s/he speaks
hablaban - they spoke

Lucha Lila

hablan - they speak
hablando - speaking
hablar - to speak
hablaré - I will speak
hablas - you speak
hable - speak
hablé - I spoke
habló - s/he spoke
hacer - to do; to make
hacerles - to make (to you)
hacerlo - to make it
hacerlos - to make them
hacia - towards
hacía - s/he did
has estado - you have been
hasta - until
hay - there is; there are
hermana - sister
hermano(s) - brother(s)
héroes - heroes
heroínas - heroines
hija - daughter
hiper - hyper
historia - history
hizo - s/he did
hola - hello
hombre - man
hombres - men

hora(s) - hour(s)
horribles - horrible
hubo - there was

I

iba - I, s/he was going
idea(s) - idea(s)
ignorados - ignored
ignoró - s/he ignored
imagen - image
imagina - imagine
imaginaba - s/he imagined
imaginación - imagination
imaginó - s/he imagined
imita - s/he imitates
imitando - imitating
imitar - to imitate
imitó - s/he imitated
impactante - impactful
importa - cares; matters
(le) importaba - she cared
(no) importan - they don't matter
importante(s) - important
   (te) importo - I matter to you
imposible - impossible
impresión - impression

Glosario

impresionada(o) - impressed
impresionante - impressive
inaccesibles - inaccesible
incluir - to include
inconscientemente - unconsciously
increíble - incredible
increíblemente - incredibly
informó - s/he informed
inglés - English
injusticia(s) - injustice(s)
inmediatamente - immediately
inspira - s/he inspires
instituto - institute
instrucciones - instructions
inteligencia - intelligence
inteligentes - intelligent
intención - intention
intensamente - intensely
intensidad - intensity
intensos - intense
intentó - s/he tried
(me) interesa - it interests me
(te) interesa - it interests you
interesada - interested
interesante(s) - interesting
interesó - s/he was interested
interminables - unending
interrumpieron - they interrupted
introducir - to introduce
investigaciones - investigations
invisibilidad - invisibility
invisible(s) - invisible
invitación - invitation
invitar - to invite
invitó - s/he invited
ir - to go
irme - to go (myself)
irrespetuosa - disrespectful
irrespetuosos - disrespectful

J

ja - ha
jardín - garden
justicia - justice

L

la - the; her; it
las - the; them
lastimarse - to hurt oneself

Lucha Lila

lastimarte - to hurt you
le - to him/her
les - to them
levantaba - s/he lifted
levantando - lifting
levantándote - lifting you up
levantar - to lift up
levantaron - they lifted up
levantarse - to lift oneself up
levanten - lift up
levantó - s/he lifted up
leyó - s/he read
libre - free
líneas - lines
lista - ready
(se) llama - s/he calls (him/herself)
llamando - calling
(te) llamas - you call (yourself)
(me) llamo - I call (myself)
(se) llamó - s/he called (him/herself)
llaves - locks
llevaba - s/he wore
llevamos - we wear
llevas - you wear
lleven - wear
llevo - I wear

lo - it; him
loco(s) - crazy
loca(s) - crazy
lógica - logical
los - the; them
lucha - fight
lucha libre - wrestling
luchaba - s/he fought, wrestled
luchaban - they fought, wrestled
luchador(es) - wrestler
luchadora(s) - female wrestler
luchan - they fight, wrestle
luchando - fighting
luchar - to fight
luchara - fought
luchas - you fight
luches - you fight
lucho - I fight
luego - then
luz - light

M

maestra - teacher
maestros - teachers
mágica - magical

Glosario

mala(o) - bad
mamá - mom
mañana - tomorrow; morning
mano(s) - hands
mantener - to maintain
maravillosa - amazing
margen - margin
más - more
máscara(s) - masks
masculina - masculine
masculino(s) - masculine
me - me; myself
medios - media
menos - less
meses - months
mi - my
mí - me
mía(o) - mine
micrófono - microphone
miedo - fear
mientras - while
minutos - minutes
miraba - s/he watched
miran - they watch
mirando - watching
mirar - to watch
mirarme - to watch myself

miraron - they watched; they looked at
miró - s/he watched
mis - my
misma - same
momento(s) - moment(s)
mortificada - mortified
mosquito - mosquito
mostré - I showed
motivada - motivated
movimientos - movements
movió - s/he moved
mucha(o) - a lot
muchacha - girl
muchachos - guys
muchas - many; a lot
muchísimas - many many
muchos - many; a lot
mujer - woman
mujeres - women
mundo - world
mural(es) - mural(s)
murmuraron - they murmured
musculoso - muscular
museo - museum
música - music
muy - very

Lucha Lila

N

nada - nothing
nadie - no one
natural(es) - natural
necesario - necessary
necesita - s/he needs
necesitamos - we need
necesitan - they need
necesitar - to need
necesitas - you need
necesito - I need
negativa - negative
negra - black
nervios - nerves
nerviosa - nervous
nerviosamente - nervously
ni - neither; nor
niña - girl
niños - boys
no - no
noche(s) - night(s)
noción - notion
nombre(s) - name(s)
normal - normal
normalmente - normally
nos - us; ourselves
nosotras - we
nosotros - we
notó - s/he noted
novelas - novels
nuestra(s) - our
nueva(o) - new
número - number

O

obligatorio - obligatory
observar - to observe
observó - s/he observed
obvio - obvious
ocurrían - occurred
oficial - official
ojos - eyes
opciones - options
opinión - opinion
oponente - opponent
oportunidad - opportunity
ordinaria - ordinary
otra(o) - other
otras - others

P

padre - father
padres - parents
papá - dad
papel - paper

Glosario

para - for
parte(s) - part(s)
participan - they participate
participar - to participate
participara - she participated
participes - you participate
particular - particular
pasa - happens
pasaba - s/he spent
pasan - they happen
pasaron - they passed
pasen - come in
pasión - passion
pasó - s/he passed
pausa - pause
pausó - s/he paused
película(s) - movie(s)
pensaba - s/he thought
pensamientos - thoughts
pensando - thinking
pensar - to think
pensarlo - to think about it
pensaste - did you think
pensó - s/he thought
perdón - excuse me
perfecto - perfect
permiso - permission
permitido - allowed
pero - but
persistente - persistent
persona - person
personaje(s) - character(s)
personal(es) - personal
personalidad - personality
personas - people
personifique - personifies
perspectiva - perspective
piensa - s/he thinks
piensan - they think
piensas - you think
piensen - think
pienso - I think
pintar - to paint
plástico - plastic
plateada - silver
poco - a little
podemos - we can
poder - power; to be able to
podía - s/he could
poner - to put
popular - popular
por - for
porque - because
posible - possible
posición(es) - position(s)

Lucha Lila

positiva(s) - positive
postura - posture
práctica(s) - practice(s)
practicaba - s/he practiced
practicaban - they practiced
practicando - practicing
practicar - to practice
practicara - practice
practicaron - they practiced
practico - I practice
practique - practice
preciosa - precious
preferencia - preference
preferimos - we prefer
prefiere - s/he prefers
prefieren - they prefer
prefiero - I prefer
pregunta - question
preguntó - s/he asked
(no te) preocupes - don't worry
preparaba - s/he prepared
preparando - preparing
preparándose - preparing herself
preparar - to prepare
prepararme - to prepare myself
prepararse - to prepare herself
preparas - you prepare
prepares - you prepare
preparó - s/he prepared
presencia - presence
presentación - presentation
presentar - to present
presiones - pressures
primer(o) - first
primera(s) - first
principal - main
(al) principio - in the beginning
probable - probable
problema(s) - problem(s)
programas - programs
progreso - progress
prólogo - prologue
promocionan - they promote
protección - protection
provocaba - s/he/it provoked
próximo - next
proyectado - projected
proyecto - I project
proyectó - s/he projected
público - public
pude - I could, was able

Glosario

pudiera - s/he could
pudo - s/he could, was able
puede - you can, are able
pueden - they can, are able
puedes - you can, are able
puedo - I can, am able
pues - well
pum - boom
puso - s/he put

Q

que - that
qué - what
queremos - we want
quería - s/he wanted
(había) querido - (had) wanted
quien - who
quién(es) - who
quiere - s/he wants
quieren - they want
quieres - you want
quiero - I want
quitó - s/he took off

R

rápida(o) - quick
rápidamente - quickly
raro - strange
reacción - reaction
reaccionaría - would react
reaccionó - s/he reacted
real - real
realidad - reality
realmente - really
recibir - to receive
referí - referee
reflexión - reflection
regresaba - s/he returned
regresó - s/he returned
(se) reía - laughed
(de) repente - suddenly
representa - s/he/it represents
representación - representation
representada - represented
representen - represent
resistencia - resistance
respetuosa(o) - respectful
respetuosos - respectful
responder - to respond
responderle - to respond to him/her
respondió - s/he responded
responsable - responsible
resto - rest

Lucha Lila

revelar - to reveal
revelas - you reveal
ridícula(o) - ridiculous
ridículas - ridiculous
riéndose - laughing
ring - ring
(se) rio - laughed
roba - s/he steals
robó - s/he stole
rock - rock
romántica - romantic
ruda(o) - rude; brawler and rule-bender in lucha libre wrestling
rudos - rude
rutina - routine

S

sabe - s/he knows
saber - to know
sabes - you know
salían - they left
salieron - they left
salió - s/he left
salón - room
saltaron - they jumped
salto(s) - jump(s)
saltó - s/he jumped
sarcásticamente - sarcastically
se - himself; herself; itself
sé - I know
(que) sea - that it be
(que) sean - that you are
semestre - semester
señora - Mrs.
sentí - I felt
sentía - s/he felt
sentimos - we feel
sentir(se) - to feel
(puedo) sentirme - I can feel
sentó - s/he sat
ser - to be
seria(o) - serious
sexualizado - sexualized
show - show
si - if
sí - yes
(había) sido - (had) been
siempre - always
sientes - you feel
(me) siento - I feel
(lo) siento - I'm sorry
silencio - silence
silenciosa - silent
similar(es) - similar

simplemente - simply
sin - without
sino - but
sintió - s/he felt
sirve - serves
sirvienta - servant
situación - situation
sobre - about
sociedad - society
solo - only
somos - we are
son - they are
sonrieron - they smiled
sonrió - s/he smiled
sonrisa - smile
sorprendido - surprised
sorprendió - s/he surprised
soy - I am
su(s) - his; her; their
subió - s/he climbed
suelo - ground
suficiente - enough
súper - super
superhéroes - superheros
superheroínas - super-heroines

T

tacos - tacos
(qué) tal - how's it going
talentos - talents
tamales - tamales
también - also
tan - as; so
(más) tarde - later
tardes - afternoons
tarea - homework
te - you; yourself
teatro - theater
techno - techno
técnica(o) - noble hero of lucha libre fight
técnicos - noble heroes of lucha libre fight
televisión - television
tema(s) - theme(s), topics
tendrán - they will have
tenemos - we have
tener - to have
tenerte - to have you
tengo - I have
tenía - she/he/I had
tenían - they had
terminado - finished
termino - I finish

Lucha Lila

terminó - s/he finished
terrible - terrible
ti - you
tiene - s/he has
tienen - they have
tienes - you have
(saltos de) tijera - jumping jacks
tímida(o) - timid
tímidamente - timidly
tipo - type
tira - s/he throws
tiraba - s/he threw
tirarla - to throw her
tiró - s/he threw
tocando - touching
tocó - s/he touched
toda(o) - all
todas(os) - all; everyone
tono - tone
topes - flying moves
trabajando - working
trabajar - to work
trabajo - work
transforma - s/he transforms
transformación - transformation
transformada - transformed
transformarse - to transform oneself; herself
transformó - s/he transformed
tremendo - tremendous
tres - three
triste - sad
tristes - sad
tristeza - sadness
tu(s) - your
tú - you

U

un - a; an; one
una - a; an; one
uniforme - uniforme
uno - one
unos - some
usando - using
usé - I used
usted - you
ustedes - you all

V

va - s/he goes
valientes - brave
vámonos - let's go

vamos - we go
van - they go
varias(os) - various
variedad - variety
vas - you go
veces - times
vemos - we see
ven - they see
veo - I see
ver - to see
(en) verdad - truly
verdad - truth
verdadera - true
verla - to see her
verlas - to see them
versiones - versions
ves - you see
vez - time
vida - life
vidas - lives
vio - s/he saw
violentamente - violently
violentas - violent
violento - violent
visiblemente - visibly
visibles - visible
visión - vision
visitar - to visit

viva - alive
(que) vivan - long live
vive - s/he lives
vívidamente - vividly
vivir - to live
voces - voices
volar - to fly
volcán - volcano
voló - s/he flew
volumen - volume
vomitó - s/he vomited
voy - I am going
voz - voice
vuelos - flying moves
vulnerabilidad - vulnerability

Y

ya - already
ya (no) - not anymore
yo - I

More compelling reads to inspire and engage you!

70+ titles to choose from!

ALSO AVAILABLE AS E-LEARNING MODULES.

El chico global
escrito por
Leslie Davison
Sueño
hecho Realidad
Jade Greene
Bananas
LIMA
Las aventuras de
don Quijote de La Mancha:
La historia según Sancho Panza
by
Katherine Lipton
Marie-Antoinette
et le collier de la mort
LA HISTORIA AUTORIZADA DE RITCHIE VALENS
RYAN McARTHUR
DREAMER
Au revoir l'Acadie
LARITZA
L'étudiante étrangère
MARCY SHELDON
ESMERALDA,
la tortuguita marina
Nuits mystérieuses
à Lyon
Un Royaume en danger
Lois Dalton
Les Découvertes incroyables
Neysa Leichty
LIBERTAD
Rita Barrett
VIVA
FIDEL

Fluencymatters.com